站桩入门与养生

张勇谋　高松　著

人民体育出版社

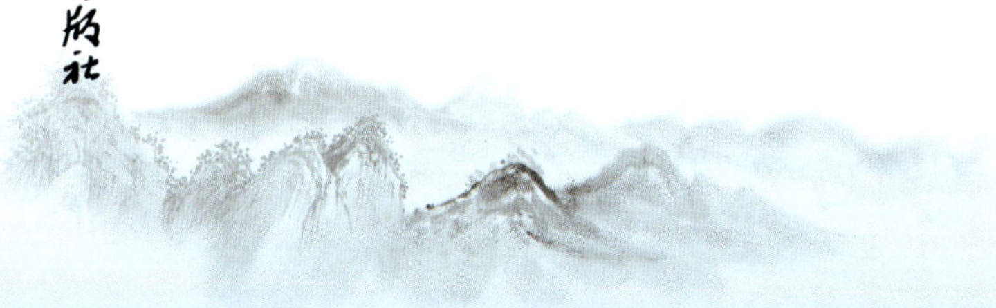

图书在版编目（CIP）数据

站桩入门与养生 / 张勇谋, 高松著. -- 北京：人民体育出版社, 2019（2024.1重印）
ISBN 978-7-5009-5556-6

Ⅰ. ①站… Ⅱ. ①张… ②高… Ⅲ. ①桩功(武术)—基本知识 Ⅳ. ①G852.1

中国版本图书馆CIP数据核字(2019)第071237号

*
人民体育出版社出版发行
北京中科印刷有限公司印刷
新 华 书 店 经 销
*
880×1230 32开本 3.25印张 74千字
2019年9月第1版 2024年1月第6次印刷
印数：15,001—20,000册
*
ISBN 978-7-5009-5556-6
定价：26.00元

社址：北京市东城区体育馆路8号（天坛公园东门）
电话：67151482（发行部） 邮编：100061
传真：67151483 邮购：67118491
网址：www.psphpress.com
（购买本社图书，如遇有缺损页可与邮购部联系）

西安市武术协会包秉民先生为本书题名

包秉民：字逸叔，号髯公，西安书学院副院长、陕西于右任书法学会副会长、陕西省文化交流协会副会长、陕西省文化交流协会书画研究院院长。

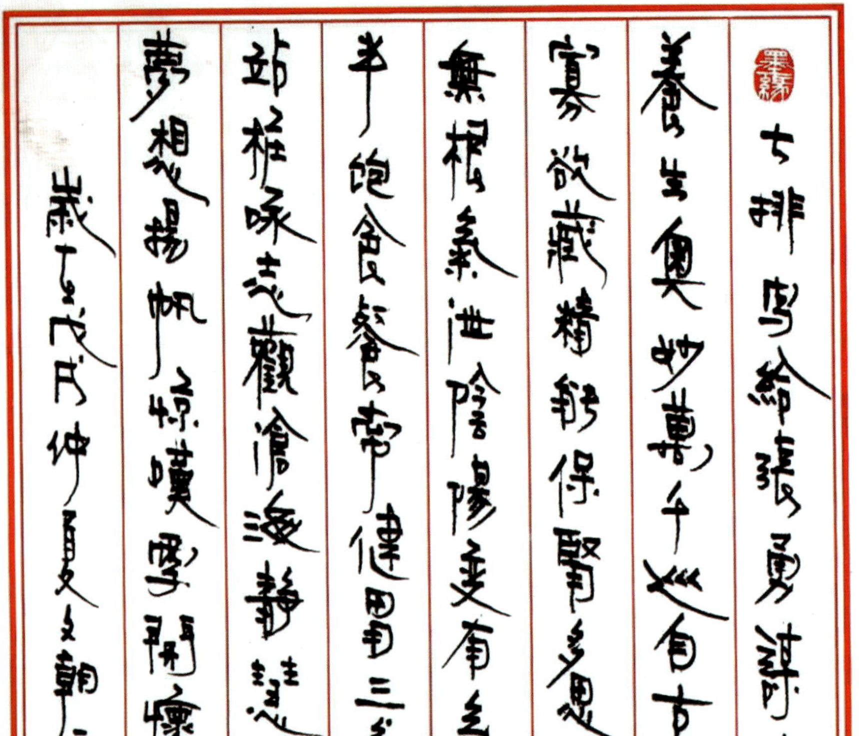

田文朝先生写给张勇谋站桩的硬笔书法

站桩

養生奥妙万千巡
自古淵源道法真
寡欲藏精能保腎
多思熬夜易伤心
無根氣泄陰陽变
有氣神來表里伸
半飽食餐常健胃
三分功力可拂尘
站桩咏志觀滄海
静慧脩身看武林
梦想揚帆惊嘆雪
閑懷笑納滿园春

右録西安市武协副主席詩人田文朝先生為意拳傳人張勇谋先生《站桩》出版賦詩二首

歲在戊戌秋月 關中范琨书

范琨：陕西省神州书画研究会副会长、陕西省书法家协会会员、西安市鄠邑区书法家协会副主席。

卫双良：号卫三，中国人民大学艺术学院书法研究生毕业，陕西人民书画院院长，陕西省书法家协会副主席，西北大学兼职硕士研究生导师，陕西广播电视大学客座教授，台北故宫书画院终身名誉院长、教授，香港特区书画社名誉社长。

王伟国：字竞雄，陕西省崇文书院院长，泾河新城武术协会会长。

2018年意拳道武馆年终学术联谊会集体合影

2017年意拳道武馆年终联谊会集体合影

2016年意拳道武馆年终联谊会暨陕西省意拳研究会成立仪式集体合影

2015年意拳道武馆年终学术交流会集体合影

2014年意拳道武馆年终联谊会集体合影

2019年4月意拳道仙峪站桩公益课活动合影

2018年8月陕西王顺山意拳道站桩公开课集体合影

2016年5月意拳道养生自然行集体合影

意拳道
YIQUANDAO

2018年10月陕西终南山意拳道站桩公开课

2018年10月陕西终南山意拳道站桩公开课

2016年5月秦岭甘峪意拳道站桩公开课

2018年意拳道年终联谊会站桩演示

2018年意拳道年终联谊会获奖学员合影

2018年意拳道年终联谊会张勇谋馆长弟子合影

2017年意拳道年终联谊会嘉宾席合影

张勇谋馆长（左四）携弟子与刘普雷老师（左三）合影

张勇谋馆长（右）与陕西省武协常务副主席田苏辉（左）合影

张勇谋馆长（左）与刘普雷老师（中）、张进怀先生（右）合影

张勇谋馆长（中）与意拳道顾问麻延锐先生（左）、
原陕西武管中心书记宋斌先生（右）合影

张勇谋馆长（左二）与麻延锐先生（左一）、西安武协常务副主席方秀敏先生（右二）、红拳名家靳根省老师（右一）合影

张勇谋馆长与刘普雷老师合影

张勇谋馆长与秦腔艺术家赵杨武老师合影

序一

田苏辉

古人讲:“进门先站三年桩”“百练不如一站”。站桩是一项养生健身和练习武术的基本功，传统武术都有各自不同的桩法，在增强内劲、祛病健身、改善生理方面效果明显。站桩讲究练养结合、内外兼修的练习方法，是养生健身和练习各门武术的基础。

张勇谋先生一直在西安市致力于站桩的研究和推广，成功地将意拳站桩作为一项体育运动疗法向社会展示，得到了医学界及武术界专业人士的认可和支持。这本书系统地诠释了站桩的练习要领、作用，并结合学员的亲身感受和习练经验，通俗易懂地阐释了站桩对辅助治疗颈椎病、腰椎病、高血压、消化不良、微循环障碍、失眠症、关节损伤、头晕、四肢无力、脂肪肝、心脏早搏、轻度糖尿病等，以及术后恢复的疗效。闻《站桩入门与养生》一书即将出版，甚感欣慰，相信勇谋先生始终坚持以“全民健身”为导向，更加努力地为广大人民群众服务，为构建和谐社会贡献一份力量!

（注：本文作者系国际武联执委，亚洲武术联合会副主席、中国国家武术散打队总领队、陕西省武术协会常务副主席，西安市武术协会主席）

序二

刘普雷

百练不如一站，先立于不败。世间强者如云健者众，皆赞生命在于运动。芗老所言极是："极速之动犹不动！"愚习武桩功五十载余略有悟而感："拳以动静相宜，制以知否相分，控以疾徐把握，功以得舍垂成。"甭管练啥技能，先要静下来，站踏实，才能据此有恃无恐而以不变应万变，万变不离其宗。松而不懈，紧而不僵，力由外引，意思远望，妙趣无穷。勇谋潜心站桩，修为乃人间正道之拳途智识，吾因同感而乐于荐之。

（注：本文作者系大成武艺中国综合格斗职业联赛董事长，原中国武术协会副秘书长，央视体育频道搏击赛事特邀评论专家，中国武术协会传统委员会常务副主任，意拳主要传人(霍震寰、唐季礼的师兄)，全国武术擂台新兴博击项目主创及运作团队主导。）

序三

董明清

听闻张勇谋先生完成了《站桩入门与养生》一书的撰写，心中甚是高兴，这对于站桩这一小众化养生健身方法的传播将起到积极的推动作用。

我习练站桩数年，深感站桩是一种极好的、非常科学的养生健身方式，思量着将其引入我校的本科选修课教学中，以便让更多人了解、学习，特别是希望有更多年轻学子参与其中并将其发扬光大，因而我就想找一位教授站桩的专业老师，机缘巧合就找到了张先生，顺利将其聘请为“站桩养生健身”选修课的老师，承担了当时该选修课程的教学工作，深受学生的喜爱。由于选修课的原因，我与张先生的友谊一直保持下来，我们成了好朋友。

拥有健康是每个人的追求，如何才能拥有健康的身体、健全的心理，却不是每个人都清楚的。现代医学认为：良好的生活习惯、乐观积极的心态和合理科学的运动是获得健康的必要条件。什么样的运动对健康来说才是合理的、科学的，这个问题仁者见仁，智者见智。

站桩是我们的祖先在长期生产实践中总结出的一种特殊的运动方式。从健康养生、强身健体和我个人的习练效果看，我认为站桩就是一种合理、科学而且高效的养生健身锻炼方法，它不但可以锻炼人体骨骼、神经和肌肉系统的协调性和统一性，而且可以锻炼人的精神、心理等高级神经系统功能，使其与骨骼、神经和肌肉系统功能在更高层面上协调统一，也就是传统所说的形、神合一。

站桩不仅可以养生健身，而且可以防病祛病。站桩主要通过激发人体自身抗病潜能和修复能力，发挥防病祛病的作用。坚持站桩训练，可明显改善心血管、呼吸、消化、内分泌、神经等系统的多种慢性病（如冠心病、高血压、糖尿病、神经衰弱、胃肠功能紊乱、慢性呼吸道疾病等）的症状和体征，起到很好的辅助防治效果。这在本书所述案例中即可得到验证。

站桩锻炼老少皆宜，对场地无特殊要求，随时随地都可以进行，是一种低成本、高效率的锻炼方式。当然，站桩毕竟有其一定的专业性，有其自己的理法体系，要想获得站桩锻炼的最佳效果，除了愿意付出时间和精力外，尚需要名师指点。

希望《站桩入门与养生》一书的出版能够让更多人认识站桩、习练站桩，并从中获益。

（注：本文作者系医学博士，第四军医大学教授，硕士研究生导师。主要从事病理学、生理学课程教学和细胞治疗及再生医学方面的研究。）

序四

于冠英

当今，全社会都在讲全民健身和养生，各类媒体上“健身”“养生”“食疗”等栏目众多，各种保健品、营养品充斥着消费市场。广大老百姓发出了“我到底相信哪一个专家”的质疑和感慨！很多人甚至茫然或步入误区。所以，我向大家推介这套简便易学的健身养生好功法——站桩。

其实养生很简单，《黄帝内经》讲：“恬淡虚无，真气从之，精神内守，病安从来？”就是告诫人们遵循“起居有常，饮食有节，不妄作劳就可以了。”当然，其中也讲到了一个锻炼筋骨、养心、养神的好功法：“提挈天地，把握阴阳，呼吸精气，肌肉若一。”倘若溯源，这便是站桩功最早、最原始的记载了。这一传统养生思想的脉络，就是遵循“药补不如食补，食补不如气补”的亘古传承。站桩养生功，是祖国医学百花园中的一朵绚丽奇葩。它以通气血、调经络为手段，强调开发体内的自愈功能，是真正的自然医学。

张勇谋先生所作《站桩入门与养生》一书，正是秉承了这种思想理念，以最小的成本获取最大的健康。他以自己习练桩功二十余载之体悟，编写成书，惠泽社会。该书以养生健身为首务，前半部分为平步养生桩各种桩法的具体要求、要领及注意事项等，还包括适用于老年人、体弱人员的“坐式桩”“卧式桩”；下半部分为十年来，广大学员习练桩功的心得体会与感悟。

我与勇谋“相识”于十年前。那一天，我到恩师于永年老先生家里，将事先打印好的“老子为道图”等资料交给老先生。于老询问我在北京人文大学体育运动学院的授课情况后满意地说：“你在国家机关上班，现又委派你到大学课堂讲站桩功，还编写了教材，真是不容易呀！这就是推广与传承。”就在我们结束交谈时，于老先生又对我说道：“有一个小伙子，叫张勇谋，前些日子来家里看我，他在西安传授站桩，把整个心思放在拳上、桩功上，还开武馆进行宣传推广，真是不简单呀！你以后要多关注一下他的情况。勇谋以站桩养生、健康生活为心愿，‘置心一处无事不办’，用心用意，专心致志，办一件事，一路艰辛，岂有不成之理呢！？‘十年磨一剑’，换来了令人称赞的成就。”

多年来我一直铭记着恩师于老先生的那番话语，记惦着他对站桩功在宣传推广上的那份殷切之情。回望历史，我们有一份共同的心愿，面对王老先生、于老先生留下的这份遗产，为人民群众健康福祉，我们有责任、有义务传承下去，我们理应有这份担当。

（注：本文作者系北京人文大学体育运动学院客座教授，站桩泰斗于永年先生晚年最器重的入室弟子，协助于老整理各种站桩资料，先后在英国、法国、新加坡、马来西亚等国家，以及中国香港、台湾开办站桩讲座，是于老站桩功的代表性人物。）

序五

高勃

2015年春我和站桩结缘。一个偶然的机会，我听了张勇谋老师讲授站桩功法和现场演示的课，从而产生了浓厚的兴趣，并参加了张老师主办的站桩辅导班，每周去武馆习练站桩，现已将近一年了。最近由于忙于工作和家庭事务没有经常去武馆练习，但我还在家继续坚持习练，偶尔也去武馆找张老师辅导。

通过3年多的站桩练习和体悟，我收益良多。站桩已经成为我生活中必不可少的一部分。站桩的精髓在于坚持站，在站的过程中不断地体会、修正、提高，有所思，有所悟。

站桩更多的是强调意，所谓意，是指意念假借，用正能量的思想或意念引导，达到心身健康的目的。站桩时，一切皆可放下，所谓壁立千仞，无欲则刚；又所谓海纳百川，有容乃大是也。当然会有杂念，有杂念时，专心做动作，不必苛求一定要去除杂念。所谓自然而然即可。站桩不仅可以强身健体，更是一种哲学。

欣闻张老师创作《站桩入门与养生》一书，对于有兴趣习练者是一种福音。该书从站桩的功法和功理、站桩的形体和意念训练等方面做了详细论述，是习练站桩入门者的不二之选。希望有更多的人通过此书而对站桩感兴趣，进而身体力行，达到身心健康的目的。

（注：本文作者系医学博士，材料科学与工程博士后。第四军医大学口腔医学院修复科教授、主任医师、博士生导师。在中文核心期刊上发表论文100余篇；访问过加拿大、澳大利亚、日本等多所大学口腔医学院；培养博士、硕士研究生50名；曾荣立三等功一次。）

序六

赵杨武

我是一名戏曲演员，要完成舞台上的举手投足、翻打跌扑等必备动作需得从小练起。自从艺至今，压腿、踢腿、劈叉、下腰、翻跟斗、舞枪弄棒是我每天的必修功课。近四十年的超负荷形体训练，已使我的身体严重透支：头晕、颈椎病、心脏早搏、膝关节疼、痔疮等各种中老年疾病已伴随我近10年了，使我的演出效果受到了一定的影响。这对于我这个正在担当重任的演员来说是非常残忍的。每当我忍受着各种病痛演完一本大戏时，一种难以言状的痛苦及对未来舞台生涯的深刻担忧，总在我心间萦绕不去……

我的运气很好，在一次偶然的机会，我应邀参加了张勇谋先生举办的意拳道年会演出，这场演出高朋满座，许多名家都应邀出席。期间我结识了几十位站桩的资深练习者，他们都不同程度地因习练站桩而治愈了疾病，恢复了健康；其中有几位热心者听说我身体也欠佳时，不约而同地用他们的亲身体会给我讲述了站桩的功效，引导我学习站桩。我感动于他们的关爱，也出于对站桩的好奇心，当场就报了名，成了一名意拳道的学员。

意拳道的馆长，亦是本书的作者张勇谋先生，是一位道行高深的桩功传人。他除了在自己专业领域里有非常高的造诣之外，还有一个令我深感亲切的爱好，那就是戏曲艺术。这让我二人又多了一个可以终生交流的话题。从此之后，他给我传授站桩，我给他指点秦腔，我们互通有无，相得益彰。武馆内，学员们练功之余，时常也回荡着秦腔的高亢之声，武艺与文艺在这一刻亲密无间，水乳交融。不知不觉，这种愉快的日子已将近一年。

我的收获是巨大的，不仅学会了桩功的许多动作，而且掌握了各项站桩要领，更重要的是通过坚持站桩，我的颈椎不疼了，痔疮不知不觉地消失了，心脏也恢复了年轻时候的平稳律动；面色红润，气力充沛，在舞台上演出自然也就游刃有余了，而张勇谋先生在唱腔方面的技艺也有了很大的进步，不但学会了许多新唱段，而且演唱水平也大有提高，让人刮目相看，还曾在陕西电视台上演唱秦腔，深受专家和观众好评。

练站桩后，我不仅身体强壮了，而且精神愉悦了很多，这使我不由自主地惊叹桩功的神奇，自豪着中国传统武术文化中有这样一朵武学奇葩。今天，张勇谋先生集多年心血创作的《站桩入门与养生》一书就要闪亮登场了，我作为站桩的习练者、受益者，非常荣幸为此书作序，希望能够有更多的朋友们阅读此书，练习站桩，有病祛病，无病健身，给自己的身体注入实打实的、靠得住的活力，从而为自己的幸福生活提供一个强有力的保障。

（注：本文作者系国家一级演员，中国戏剧梅花奖得主，工作于陕西省戏曲研究院，代表作有：电视连续剧《关中匪事》主题歌“他大舅他二舅都是他舅”，唱红了祖国的大江南北。）

目录

第一章

站桩概述

站桩是我国古代流传至今的一种养生健身术，是我们文化的一大瑰宝，几千年来，无数文人武士都以站桩来强身健体、修心养性。

2700多年前，管仲（约公元前723年—公元前645年）著《管子》一书，共85篇，今存76篇。书中提到“动则失位，静乃自得”，这应该是关于静优于动的最早记载。

随后老子（约公元前571年—公元前471年）著《道德经》一书。书中提出:“独立不改，周行不殆”“圣人抱一为天下式”，这应该是关于站立不动练功方法的最早记载。

《黄帝内经》一书（多个作者跨越了先秦至汉时期集结而成）更具体地写道:“提挈天地，把握阴阳，呼吸精气，独立守神，肌肉若一。”这应该是详细描述站桩类运动的最早记载。

可见，站桩的创立并非是一个人之力，也不是短时间内完善的，应是我国古代人民在长期的生活实践中，为了强身健体、延年益寿而创造的一门智慧养生功法。中国传统武术继承并总结了古人关于站桩的训练方法，使得我们现在可以系统、科学地站桩，更加有效地发挥身体良能，改造生理，修身养性。

关于桩法的种类，大致可以分为平步桩和丁八步桩。为了达到养生效果，掌握平步桩足矣；若以技击为目的，则应以平步桩为基石，而后掌握丁八步桩。所以，站桩无论是为了养生还是技击，平步桩最为重要。本书主要针对站桩的养生性，所以只讲解平步桩。

在十几年的站桩教学中，我一直记录学员的站桩医疗数据，潜心研究怎样能更快学会站桩，怎样能更快受益于站桩，怎样能全面地恢复健康。我由衷地想将这些经验分享给更多的人。所以，我和我的弟子以简单的语言作此书，目的就是让您学会站桩，为您提供一套实际的入门方法。针对站桩为何是一项运动疗法，本书后半部分提供了数十位学员的站桩心得和成果，这些真实案例同时可以鼓舞本书读者：坚持站桩，必有所得。

在读正文之前，有一个问题需要您了解清楚：站桩何时才能产生养生效果呢？其实从第一天学习开始，站桩的养生性就开始体现，只是未必明显。不要以为只有学会了站桩，身体才开始受益。就在一边学习中，身体便不知不觉得到了改善。所以，学习站桩的过程非常重要，正如“走着过去，取得真经”，不功利地追求站桩的结果，才是最好的学习态度，才能获得最好的养生效果。

第二章

平步桩

第一节　平步桩简介

平步桩间架形式简单，意念温和，是一切桩法的基础，也是站桩训练系统的基石，读者若能够掌握则祛病养生足矣。实际上，即便是以技击为目的的站桩习练者，都以掌握平步桩为先决条件，由此可见平步桩的重要性。初学者想要站好平步桩，务必做到“松紧转换，意念假借”这两点。

松紧转换即为身体肌肉有机的松紧变化，利用意念假借和诱导进行身体想练结合的定位运动。松紧是构成站桩运动的基本条件，如无松紧转换，则身体工作效率极低，并且很难体认桩法内容，即为笨桩、傻桩；如无意念假借，则身体不运动或只是机械运动，那么久站伤骨，死站伤身，与养生背道而驰，视为空桩、死桩。初学者若能正确掌握意念的假借和松紧转换，辅助治疗身体亚健康等病，一两个月便能见效，因为这样站的是活桩。活桩操作性强，功夫上身快，辅助治疗效果显著，易于坚持，故受到爱好者的喜爱和好评。本书桩法皆为活桩，活桩还可以上升到理趣层面，学者不仅不会放弃，还会喜欢上这项运动，达到事半功倍的锻炼效果。

第二节　平步桩基本练法

一、平步桩练习要领

精神集中，周身放松，呼吸自然通畅。精神集中即要求排除其他杂念，只进行与站桩相关的意念活动，以一念代万念为站桩服务；周身放松即要求身体相对地放松，用与精神意念相应的力来诱导肢体工作，并非完全的放松不用力。所谓呼吸自然通畅，即呼吸自然不要造作，不要憋气、提气，不讲逆式、腹式呼吸，更不讲究气感开顶之说，所以我们的站桩也不会出现偏差，所谓自然就如同会游泳的人忘记了水的存在，会站桩的人忘记了呼吸的存在。站桩不讲究大小周天，意守丹田，不讲究周天循环特异功能，故绝不会对身体造成伤害。站桩过程中，要求身体保持“松而不懈、紧而不僵”，即松不是懈，紧不是僵。我们讲的松与紧都是站桩中练出来的，只有身体力行才能窥得其中奥秘。

二、平步撑抱桩练法

平步撑抱桩是平步桩的基本桩法，是所有桩法（包括丁八步桩）的基石。前人讲：“一势可变千百势，千百势来源于一势之基也。”这里的“一势”指的就是平步撑抱桩。平步桩的其他桩法均从平步撑抱桩变化而来，掌握平步撑抱桩是站桩养生的第一步。

（1）间架

间架，即桩架子。自然站立，两脚分开，与肩同宽，两膝微微弯曲，臀部似坐非坐。腰要竖，背要拔，脖子要领，头要顶。双手抱起，五指自然分开，掌心向内，十指相对，两手之间距离一两拳左右，沉肩、坠肘、外撑。颌下如含球，腋下如夹球。腹部松圆，嘴微有空隙，舌似顶非顶，目光平视，面似笑非笑。整体要求全身大小关节无处不屈，逢屈必夹，逢夹必顶，上下挺拔，中正平衡（图2-1）。

正面

侧面

图2-1　平步撑抱桩

（2）间架详解

自然站立，两脚分开一脚半的距离，可做到与肩同宽。双脚平行，可微微成外“八”字。两膝微微弯曲，弯曲程度不要过大，膝关节绝不可以超过脚尖。双腿之间如同夹了一个球。臀部似坐非坐，如同坐在只有一条腿的高凳子上。要想着，不坐则凳子倒了；坐得太实就不稳当，身体会随凳子一起倒掉；用身体控制人与凳子之间的平衡，即所谓似坐非坐（抽象中还要有具体：坐了吗？坐了。真有凳子吗？没有）。胯部要掖一点，臀部微卷下坐，腰要微靠竖起，背要拔，脖子要领，头要顶，颈部和头部向上的顶劲和臀部尾椎向下的坐劲将脊柱上下对拉，脊柱挺拔如同旗杆，垂直中正（前辈讲脊椎垂线成，若低头猫腰则学艺不高）。站桩中，颌下如含一球，含球的分寸要掌握好，含得太多，则下巴颏贴喉部，影响呼吸；不含或者含得太少，则下巴颏上扬，要做到含而不露。脖子始终要有贴着衣领之意，面部要放松，略带微笑，眼睛平视远看，如同观看远处美景。耳往远处听，如同听到千里以外的鸟叫声，站桩中眼的远看、耳的远听可慢慢收回，似看非看，似听非听。舌尖似顶非顶，嘴微有空隙，以配合鼻子同时自然呼吸。双手慢慢抬起环抱至胸前，如同抱着一个很轻很薄的纸球。要想着，一用力球就破了，不用力球就会滑下去。我们既不能把纸球抱破也不能让纸球滑下去，意念要控制这个纸球达到撑抱平衡。在以后站桩中可逐步加大意念，先抱纸球，再抱皮球，而后抱木球、铁球等。站桩要求双臂撑三抱七。即双臂往外撑的力为三分，往内抱的力为七分，唯有同时具备撑抱两个相反方向的矛盾力，才能达到撑抱互为的平衡力。初练站桩者要求把握好上虚下实的要求，具体来说，腰部以上用四分力，腰部以下用六分力。可用意以双臂抱纸球，两腿夹皮球的方法，使上部微虚，下部微实，胸部不会发紧，气息不会上浮，将身体重心放在下面，犹如不倒翁。双手与两臂位置的要求是：以鼻梁垂直往下这根线为人体中线，左手不到身右去，右手不到身左来，两肘部要形成钝角，远不过尺，近不沾身。两手之间相隔一两拳距离，掌心向内，手掌呈弧形状，不能直也不能太屈，五指自然分开，十指相对，如同有五根弹簧牵连，挤不进去，拉不开来。初站桩时，双肩容易发紧，僵硬，使人常会耸肩抬肘，胸部发紧，导致肩臂失去自然难以坚持，因为耸肩抬肘是站桩的大忌，所以一定要正确克服这一关。为了把两肩和双臂解放出来，要求沉肩、坠肘、外撑，即意念假借两臂，上有线在系吊，下有木支撑，相应放松双肩和两臂，同时意念还要如此支配，两臂如有外力作用时，则挤不进去也拉不开来，要做到撑与抱互为有度。站桩要求精神内敛，神不外溢，身体各部位要保持相应的曲折和斜面，全身大小关节无处不屈，逢屈必夹，逢夹必顶，形成有机的三角整体，上下贯穿，曲蓄挺拔，周身一家，浑元一体，学者如能在训练中认真体认，随着认识的不断提高，则可举一反三，触类旁通。如在一点上说得过多又成为片面之谈，故此处不再赘述。

（3）间架修正

在站桩的过程中，随着时间的推移，间架慢慢变型是正常现象。所以，站桩初期，一定要常常自我检查桩架子，按照本书的内容，身体从下往上，一一核对。如果有合格的老师配合检查，那就最理想不过了。如果没有老师，也可以面对镜子检查。经过一段时间的训练和修正，习练者应该达到，一站即为正确的间架。只有正确的间架才能达到最佳的训练效果，所以间架是载体，初学者一定要注重间架的修正。请注意，间架修正不是一个独立的过程，从学站桩的那一刻开始，重点学习的是松紧转换和意念假借，在学习的过程中，注意不断调整间架。一般来说，一旦可以做到一站即为正确的间架，习练者就基本掌握了站桩的要领了。

（4）意念假借1

保持平步撑抱桩间架，想象自己站立在齐腰深的湖中，湖水很平静。双脚原地不动，但要微微蹬劲，头虚领以下带上，身体慢慢往前移动，人体重心在脚掌的分布为，从前脚掌五，后脚掌五（五五）到前脚掌六，后脚掌四（前六后四），再到前脚掌七，后脚掌三（前七后三），紧接着，在脚后跟似离地非离地之时，身体整体地同时慢慢往后移动，这时重心在脚掌的分布为前七后三→前六后四→五五→前四后六→前三后七。此时，脚尖似离地非离地，身体再往前整体地移动，如此反复。要想着身体带动着水，水也推动着身体；同时，水对身体有阻力，身体也对水有阻力，身体和水形成一个矛盾的统一体。训练的时候，身体如同一个在水中前后移动的不倒翁，移动越慢越好，动作越小越好。请注意身体往前、往后的转折临界点不要有停顿，力思不能断。这里要问为何是齐腰深的水？因为站桩初期讲究上虚下实，腰部以上用四分力，腰部以下用六分力，也称上四下六。上四下六的意念设计是为了让初学者更容易做到上虚下实。桩功在以后的学习与升华中，要求虚实矛盾平衡统一，还要不断地打破平衡，然后再建立新的平衡，则另当别论。

（5）意念假借2

保持平步撑抱桩间架，想象自己站立在一个靠岸的小船上，水面有轻微的风浪，船随浪摆动。人站在此船上，要不停地调整以保持平衡，而这个调整是精神意念上的调整，从而带动整个身体的调整，是微乎其微，不显形的。随着人和船达到一个动态平衡，人也随风浪而动，而相对船来说，人其实是静止不动的。这种微妙的感觉要细细体会，站桩是一个自己与自己“玩”的过程，“玩”好了则趣味横生。

（6）意念假借3

保持平步撑抱桩间架，想象自己双脚下各有一只蚂蚁。蚂蚁在脚下跑动，我们不能踩死蚂蚁，同时也不能让蚂蚁从脚下溜走。因为蚂蚁的运动不可测，我们需要不停地调整脚下的重心，每当蚂蚁跑到脚部的边缘，我们需要在这个局部增加重量，使得蚂蚁回头，离不开脚的范围。站桩初期，这个意念可能比较难掌握。学者可以先想象自己站在海绵上，脚底很软，重心在脚掌的分布很活，要多做这个练习。再用蚂蚁代替海绵进行上述的意念假借训练。

（7）养练结合

学习站桩的时候，要合理运用意念假借。长时间只用一个意念不好，短时间内变换太多意念也不好。这个时候就需要了解养练结合的概念。本书介绍站桩的大多数意念是为了练，此处为大家说明什么是养的意念。站桩初期，每练10～15分钟（具体时间因人而异），可以用5分钟的时间来“养”，想象自己站在高山上，蓝天白云，微风徐来，神清气爽；也可想象自己站在温泉中，周围温暖舒适，毛细血管舒展，身体疲劳尽失；也可想象自己站在淋浴中，温水从头顶往下冲淋，身体焕然一新。这样的意念不需拘泥，可根据个人的喜好，自行调整。如可想象站在大海中，与天地同高，风浪不侵。总之，五脏六腑，全身内外都要做到舒适得力为最佳。

（8）松紧转换

为了更加合理地锻炼肌肉，更快克服站桩初期的肌肉疲劳和疼痛，松紧转换可以作为单项训练，独立于意念假借之外。保持平步撑抱桩间架，从小腿肌肉开始，一松一紧、间隔有序地训练。松紧要张弛有度，松时越松越好但不能懈，紧时越紧越好但不能僵。松紧只是瞬间动作，念头一闪即过，松紧间隔可缓可急。然后再到大腿、臀部、腹部、胸部、颈部、双臂各处均能进行肌肉的松紧转换。最终身体各个部位的肌肉形成一个有机的整体，可以同时进行松紧转换。这个训练不能操之过急，从下到上练习，慢慢掌握（要始终保持上虚下实，想练结合），精神内敛，神不外溢，精神和肢体达到高度协调统一。

（9）肌肉若一

松紧转换的训练是一个循序渐进的过程，通过意念假借和神经支配，同时要有相应的力参与工作（前辈有云："有意无力是假意，有力无意不高级"），最终的目标是全身各个部位的肌肉群在神经系统的支配下处于"高度协调、行动一致"的状态，逐渐形成一个松紧有度、有机结合的整体，这个整体，我们称之为"肌肉若一"。"肌肉若一"不仅仅是一个概念，它是训练原理，也是训练方法，更是训练目的。"肌肉若一"首先挤压、按摩血管使之更有弹性，继而促进血液循环，利于新陈代谢。"肌肉若一"是对肌肉整体的训练，所以周身肌肉弹性恢复得更快、更全面，养生健身效率也因此大大提高。我们练松紧转换一定要练成全身的肌肉均可同时参与运动，这是松紧转换训练的目的，也是站桩运动的基石。

三、其他平步桩的练法

1. 平步扶按桩

（1）间架

保持平步撑抱桩间架，双手平放到肚脐位置，掌心向下，十指向前（图2-2）。

正面　　侧面

图2-2　平步扶按桩

（2）间架详解

身体各个部位要求与撑抱桩一致，只是将双手慢慢放低到腹部肚脐位置，掌心向下，肘部微微外撑。双手平铺，手掌仍呈弧形，五指分开，十指向前，如同放在漂于水面上的一块木板或者皮球上。五指和掌根轻轻控制木板或者皮球，不要让木板或者皮球随水漂走，感受到木板或者皮球在水中的存在。

（3）意念假借

保持平步扶按桩间架，想象自己站在齐腰深的水中，身体同时均整地往前移动，带动双手前移，双手扶按住木板，木板也随之前移，身体重心从后脚跟慢慢移动到前脚掌，重心在脚掌的分布为五五→前六后四→前七后三。而后，身体慢慢后移，木板随着双手，双手随着身体往后移动，重心从前脚掌慢慢转移到后脚跟，重心在脚掌的分布为前七后三→前六后四→五五→前四后六→前三后七。身体、木板、水三者形成互相推动、互有阻力的有机整体。请注意身体前后转换时依然不要有停顿，力不可断，始终要均整协调。

也可以用皮球代替木板，进行上述意念假借运动。因为水的浮力作用，扶按皮球的双手应更容易体会到阻力的存在。要学会稳定皮球在水中的深度，从而控制阻力的大小，做到均整协调，连绵不断。我们不但要用手去控制球，而且要用手肘及整个人去控制木板或者皮球，因为这是一个意念假借的特种木板或者球，都是为练功而服务的。

2. 平步提插桩

（1）间架

保持平步撑抱桩间架，将双手垂直放至胯部往前一拳的位置，掌心朝内，十指朝下，肘部外撑（图2-3）。

正面　　　　　　侧面

图2-3　平步提插桩

（2）间架详解

身体各个部位间架要求与撑抱桩一致，将双手放至胯部两侧往前约一拳距离。掌心朝内，掌型呈弧状，五指分开，十指朝下，两臂微微弯曲，肘部微微外撑。十根手指有向上提的力，同时要有向下插的力，保持提插的矛盾力是这个桩的核心。

（3）意念假借

保持平步提插桩间架，想象自己站在齐腰深的沙子中，双手亦插在沙子中。十指同时微微上提，带动整个身体同步上提，即重心微微上提，这时全身都要感受到沙子的阻力。一提即插，插时，十指同时往下插，这时身体要配合下插力，即重心要随之微微下沉，依然要全身感受到沙子的阻力。提插临界点不要有明显的停顿，力不要断。提插间隙可急可缓。站提插桩的时候可以体认腹腔和胸腔的开合，提时开，插时合，这个开合是轻微的，与呼吸无关。这个体认是需要时间的，不可操之过急，站桩初期可以忘记开合的存在。

3. 平步推托桩

（1）间架

保持平步撑抱桩间架，将双手慢慢转动，掌心朝前，手掌有推托之意。食指指尖与眉毛齐平（图2-4）。

正面　　侧面

图2-4　平步推托桩

（2）间架详解

身体各个部位间架要求与撑抱桩一致，手型不变，慢慢将双手转动，掌心朝前略微向前上方倾斜，掌根微微用力，同时向前推、向上托、向外分。五指分开，食指指尖位置大约与眉毛齐平，拇指相对，食指与水平线大概呈45°角，同时想象食指指尖与眉毛有细线相连。肘部微微外撑。

（3）意念假借

保持平步推托桩间架，想象双手托着一个大的皮球，十指微微抓着这个皮球，但不能把皮球抓破。掌根要有向前上方推这个皮球的力，双手随时可以把皮球推出去，但又不推出去，呈半推半托之状。

平步推托桩，初期意念主要在掌根的推托之力，运动量较大，时间不宜站得过长。意念要轻，初学者容易犯的错误是将过重意念放在双手，导致上实下虚，动作幅度抖动过大，这是不妥的。后期意念要回到身体上，以身体做推托之力，双手只是配合。

4. 平步勾挂桩

（1）间架

保持平步撑抱桩间架，改变双手方向，使得双手掌心相对，十指朝前。腕上如挑物，腕下如勾物（图2–5）。

正面　　侧面

图2-5　平步勾挂桩

（2）间架详解

身体各个部位间架要求与撑抱桩一致，只是改变双手方向，使得双手掌心相对，如同托着一个宝贝。五指分开，拇指略内扣并有上挑之意，食指、中指向前，无名指、小指下插。腕上如挑物，腕下如勾物，所以手腕同时有勾挂之意，故名勾挂桩。

（3）意念假借

保持平步勾挂桩间架，想象双手托着一个熟睡的婴儿，不能弄醒这个婴儿。意念不宜过重，手腕要松紧恰当，细细体会勾挂之意。

5. 平步平抱桩

（1）间架

保持平步撑抱桩间架，双手转动，使得掌心朝下，手型不变（图2-6）。

正面　　侧面

图2-6　平步平抱桩

（2）间架详解

身体各个部位间架要求与撑抱桩一致，只是将双手微微转动，使得掌心朝下，五指分开，食指有相对之意。双手平抱位置在胸前，高低可调，高不过眉，低不过脐。

（3）意念假借

想象自己站在齐腰深的水中，双手平抱一个皮球，意念要温和，这个桩可以养着练。

6. 平步提抓桩

（1）间架

保持平步平抱桩间架，手掌微抓（图2–7）。

正面

侧面

图2–7　平步提抓桩

（2）间架详解

身体各个部位间架要求与平抱桩一致，然后双手微抓，如同各抓着一个纸球。

（3）意念假借

想象自己站在齐腰深的水中，双手抓着一个纸球或者皮球，意念要温和。

7. 平步提抱桩

（1）间架

保持平步撑抱桩间架，双手环抱，放低至肚脐位置，掌心朝上微微内斜（图2-8）。

正面　　侧面

图2-8　平步提抱桩

（2）间架详解

身体各个部位间架要求与撑抱桩一致，保持手型不变，双手缓慢放低至肚脐位置，距离身体一尺左右。掌心朝上微微内斜，双臂抱圆，如同怀里抱着一个皮球。

（3）意念假借

保持平步提抱桩间架，想象自己站在一个舒适的环境里，怀里抱着一个皮球，意念温和，两掌如同太阳照射腹部，养着练。

8. 平步休息桩

（1）间架

保持平步撑抱桩间架，双手虚握，放在身后肾部位置，掌背贴着身体（图2-9）。

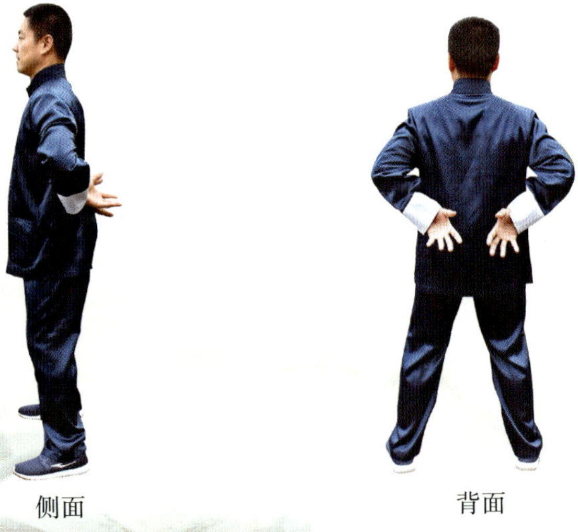

侧面　　背面

图2-9　平步休息桩

（2）间架详解

平步休息桩的设计，最早针对的是体质较弱的习练者，对他们来说，双手撑抱时间不宜过长。实际上，初学者也可以多站此桩，与其他桩法结合起来练，可以站得时间更长。值得一提的是，我们在平时的生活当中，比如在等车的时候、在与别人聊天的时候都可以站休息桩。把这些零碎的时间利用起来，养成一个站桩生活化的习惯，懂得积少成多才是最佳的站桩态度。

第三节　平步桩的进阶练法

一、基本练法

站桩初学者应通过平步桩的反复练习，克服肌肉酸胀、骨骼疼痛、病灶反应（这些现象均属正常，具体表现因人而异）等，逐渐学会站桩，同时培养人体整力。一般来说，如果站桩能够达到一个小时，我们认为您已经初步学会站桩了。改造生理、重塑身体机能是一个自我锻造的过程，肯定要伴随疼痛，所以站桩首先需要毅力，其次需要信心。根据近3年共计300多位站桩学习者的成功经验，快者需要一个月，慢者需要三个月，即可达到轻松站桩一个小时。初步学会站桩后，下一步应该加强学习，掌握进阶练法，站桩的效率将会进一步提高，养生效果亦会更加显著。

二、进阶练法

进阶练法并不增加难度，只是意念假借更具针对性；松紧转换不再仅仅针对肌肉。进阶练法的用意是进一步培养出人体的整力，再搞活整力，同时五脏六腑皆参与运动，从而恢复人体本能，达到更高级的养生效果。

三、进阶练法详解

本节介绍的进阶练法均是在平步撑抱桩的间架上进行的。

1. 上下的训练

保持平步撑抱桩间架，想象怀里抱着一棵大树，双腿也夹着这棵树，树的宽度、大小要合适。运用整个身体，将大树微微向上拔，身体重心也要微微上提，要想象着将树连根拔起，一拔即松，身体重心随即回到原来位置。然后，同样运用整个身体，将大树往下栽，重心也要微微下沉，要想象树是整体往土里栽，一栽即松，重心随即又回到原来位置。拔树和栽树的意念要快，念头一闪即过。

拔、栽培养的是人体上下方向的整力。

2. 前后的训练

保持平步撑抱桩间架，想象怀里抱着一棵大树，双腿也夹着这棵树，树的宽度、大小要合适。运用整个身体平行向前推这棵树，一推即回；然后运用整个身体平行后拉这棵树，一拉即回。要真实感受到树被推动和拉动。推拉树的意念要快，念头一闪即过。

推、拉培养的是人体前后方向的整力。

3. 左右的训练

保持平步撑抱桩间架，想象怀里抱着一棵大树，双腿也夹着这棵树，树的宽度、大小要合适。运用双手、双腿及整个躯干同时往里挤合这棵树，一挤即回，再同样运用双手、双腿及整个躯干同时往外扒扯这棵树，一扯即回。挤树与扯树的意念要快，念头一闪即过。

挤树与扯树培养的是人体左右方向的整力。

4. 八面力的培养

上下、前后、左右整力，称为人体六面力。培养上下、前后、左右单方向的整力只是第一步。紧接着需要把这六面力拆开来练，将树一拔则扯开，一扯又前推，一推又挤合，一挤又后拉，一拉又下栽，如此反复打乱练习，慢慢将六面力搞活。一旦能够将六面力练活，即获得人体八面力。八面力并不是指八个方向的力，而是指身体已经完全搞活，四面八方皆有力，人体如同球体。

5. 摇旋的训练

保持平步撑抱桩间架，想象怀里抱着一棵大树，双腿也夹着这棵树，树的宽度、大小要合适。运用整个身体去摇这棵树，再去旋转这棵树。

摇树和旋树培养的是人体螺旋整力，这个训练有助于搞活身体整力，为获得八面力服务。

6. 松紧转换进阶

长期进行“肌肉若一”的训练，当肌肉强度和韧度都达到很高的程度时，肌肉弹性足够强，下一步松紧转换不仅仅针对肌肉。可以将盆腔、腹腔、胸腔打开，使得五脏六腑都参与松紧转换，最终三腔共鸣，一动无不动。请注意这个训练需要合格的老师指点，请勿自行学习。学习站桩一定要知道站桩是个积累的过程，很多高深的概念首先需要了解，等到身体条件足够成熟，自然可以进行相关训练，操之过急乃站桩大忌。

第三章

辅助桩法

一、坐式桩

站桩初期，部分学员站桩时间不够，为了弥补不足，可以采取坐式桩进行辅助训练。坐式桩也适用于身体虚弱、不能站立或者站立时间不宜过长的人群。

1.间架

保持平步撑抱桩间架，慢慢坐在凳子或者椅子上，身体其他部位不变（图3–1）。

图3–1　坐式桩侧面

2.意念假借

保持坐式桩间架，利用“站起来”的意念指导身体站起来，但不要真的站起来。重心一提即止，反复练习。

3.松紧转换

坐式桩松紧转换的设计是为了加强下肢肌肉的锻炼。保持坐式桩间架，双手可撑抱，也可以放在大腿面，对腿部、臀部肌肉群进行单项“肌肉若一”的训练。详细步骤如下：先对左腿小腿肌肉进行松紧转换，一松一紧30～50次，再对右腿小腿肌肉进行松紧转换，一松一紧30～50次，再分别对左腿大腿、右腿大腿、臀部肌肉进行相同训练。熟练之后，再将大腿小腿肌肉连起来一起训练，最后将腿部、臀部肌肉同时松紧训练。对于腿部无力的人群，这个训练效果很好。两周到一个月会明显感觉腿部变得有力或者腿部浮肿（如有）消失。身体虚弱者，要自我控制运动量。

4.坐式桩变换

坐式桩亦可做变换，如将脚尖跷起，或者双脚离地，如图3-2、图3-3所示。运动量将加大，训练内容不再赘述。

图3-2 坐式勾挑桩

图3-3 坐式悬空桩

二、卧式桩

卧式桩针对的是无法坐立或者身体极其虚弱的人群。长期习练卧式桩，随着身体的逐渐恢复，进行坐式桩训练，直至可以站立训练。

1.间架

简单理解，卧式桩是一个平躺着的平步撑抱桩。膝关节的屈曲程度和脚的位置可以自行调整（图3-4、图3-5）。

图3-4　卧式桩形式1

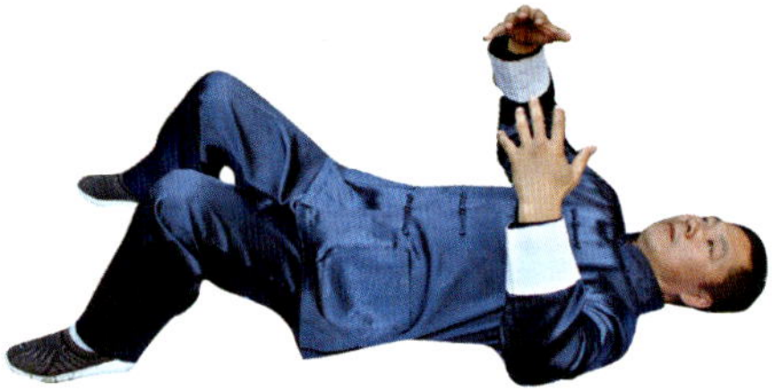

图3-5　卧式桩形式2

2.卧式桩练法

保持卧式桩，想象怀里抱了一个纸球，脚尖微微上勾或者双脚平放，其他部位放松即可。在身体允许的情况下，可以轻微做肌肉转换。

第四章

站桩疑问解答

1. 站桩是什么样的运动

答：站桩是一种高级定位运动，正如运动越高级越不显于形。犹如运转的车轮和旋转的陀螺，看似不动，其实是高速运转的。站桩是在精神意念诱导下由神经支配全身肌肉的运动。随着不断的学习，站桩者可逐渐提高思想认识，以技入道，不断升华。

2. 站桩主要用哪些意念

答：意念可以分为局部意念和整体意念，站桩首先要把间架放恰当，局部意念是为了调整身体局部某个部位，整体意念是为了统率周身，练习时一定要做到二者不分，恰到好处。

3. 什么是站桩的局部意念和整体意念

答：局部意念主要指的是身体某个部位的意念活动，比如初学者肩膀容易酸疼，可以用意念调整放松（假设身体没有两个肩膀），这就是局部放松意念的调整，我们通常把它叫作局部意念。意念照顾整体调整，通过整体意念的诱导，把身体内外都放恰当，我们称之为整体意念。在整体中发现局部问题，用意念加以克服，再融入整体中去，所以局部意念和整体意念都是相辅相成的。

4. 站桩功都一样吗

答：不一样。传统武术中很多拳种都有站桩，后来因套路的兴盛，站桩逐渐淡出了人们的视野，只有少数拳重视站桩，而且站桩之法各说不一。

5. 为什么说站桩不是站立

答：站桩不是找个地方摆个架子站立，桩是活的，站立是死的；前人讲久站伤骨、死站伤身。站桩不同于站立，两者有着本质的区别；可以说站桩是小动作在练功，而站立是死站不动。站桩要求全身大小关节似曲非直，在这种状态下肌肉就会主动节律性收缩，从而维持身体的平衡。同时，肌肉的收缩又能带动局部的血液循环，达到强筋健骨的目的，也能促进全身血液循环，这一点就优于站立。站桩还有精神和肢体上的优越性，虚实、动静、紧松等意念诱导，让机体能够在休息中运动，在运动中休息，是把休息和运动相结合的运动。站桩既能调节植物神经功能又能通过锻炼全身肌肉，加速血液循环，增强血液的携氧能力，促进微循环，保证心、脑等重要脏器的供血、供氧。站桩时通过锻炼关节周围的肌肉，可以让血液向关节处流动，分泌更多关节滑液，起到营养、修复关节的效果，让关节更稳定。因此，我们也把站桩叫作静位运动。

6. 站桩为什么是练拳的基础

答：一个练拳的人首先要身体健康，只有身体健康、强大才能自卫。站桩能强筋健骨，发挥人体良能，这些都是技击所需要的，所以前辈有云："要知拳真髓，首由站桩起，一势可变千百势，千百势来源于一势之基。"站桩的作用就是把一个动作练好了，其他动作都是在这个动作上进行变化。它的最大优越性就是终身可练，能长久保持身体活力，故有百练不如一站之说，这一点也形成了和西方武术文化的区别。

7. 站桩闭眼练习还是睁眼练习好

答：站桩对初学者来讲不宜闭眼，因为初学站桩者身体会有各种不同的反应，闭眼往往容易把思想全部集中在身体某些难受的部位，越想越难受，不容易让思想移情。所谓移情就是看得远一些，好像能看到很远的地方，听得远一些，好像能听到百里以外的鸟叫声。如同会游泳的运动员忘记水的存在，游得就会更自然，会站桩的人会移情，忘记桩的存在，站得就更加舒适得力。等身体过了一定的生理变化期，适应了站桩运动后也可以闭眼练习。

8. 站桩为什么双膝不要屈曲过大

答：站桩时膝关节屈曲过大，运动量也会相应增大。对初学者来讲，屈曲太大不容易坚持，也容易膝关节周围的肌肉劳损，影响膝关节的稳定性，所以站桩时要求双膝屈曲、膝关节不能超过脚尖。

9. 站桩适应哪个年龄段的人练习

答：站桩适应各个年龄段的人练习。从十多年的意拳教学来看，6~80岁的练习者都有。因为站桩不受年龄、性别、地方的限制，随时随地都可以练，所以受到不同年龄段人群的欢迎。

10. 身体健康后就不用站桩了吗

答：站桩本身就有有病祛病、无病健身的作用，通过站桩使身体恢复好后，表面看可以不用站了，但是完全停练后，身体机能还可能下降，对身体健康不利，如能继续长期练习，把站桩融入生活，就可以达到固本培元、延年益寿之目的。

11. 站养生桩要学多少个桩法

答：桩法很多，但不需要每个桩法都学，有了平步撑抱桩的基础，可变化其他桩法。其他桩法的原理同平步撑抱桩相同，只是手型略有区别，其侧重点也不尽相同，所以训练也就不尽相同了。

12. 为什么说站桩是合理的人体运动

答：站桩锻炼全身肌肉，稳固全身关节，调节植物神经功能，促进血液循环，打通全身瘀堵，加强新陈代谢，改善微循环，促进脂肪燃烧，激发人体的自愈能力，对高血压、糖尿病、脑功能障碍等慢性疾病的康复，有着不可估量的辅助作用。站桩的运动量可大可小，对五脏六腑没有任何压力，关节不会磨损和受伤，肢体不会缺氧，在休息中运动，在运动中休息，是一种把休息和运动有机结合的锻炼方法。

13. 怎样认识站桩中的松与紧

答：站桩要求松而不懈、紧而不僵，练习过程中，越松越好但不要懈，越紧越好但不要僵，也就是松不是懈，紧不是僵，随着练习的不断提高就能体认松紧的变化，进一步掌握松紧适度，似松非松，似紧非紧。

14. 站桩时怎样调整重心

答：初学站桩要求上虚下实，重心下降，意守脚掌，身体如同摆钟，在前脚掌和脚后跟之间，以五五、四六、三七的重心分布进行运动，逐步体认虚实互为、把握平衡、力到边缘的感觉。

15. 站桩为什么要安心定意

答：站桩时只有把心安下来，才容易进入状态。很多情况下是眼、耳、鼻把看到、听到、闻到的信息不断传给大脑，扰乱了精神的安宁，故有“神好静而意扰乱”之说，只有一念代万念，也就是控制思维只想利于站桩的意念，把其他不利于站桩的事都能放下来，学会神思交替，才能站好桩。如同学生上课一样，上语文课时专心上语文课，忘记了数学，上数学课时专心上数学，忘记了语文，才能专心学好，如果语文课你想着数学，数学课你想着语文，就不能学好。佛家讲放下自得，站桩也是同理，站桩时就只站桩，扫除万虑，放下一切浮躁，心平体安，就能防百病不侵身。

16. 怎样理解心理因素影响生理功能

答：人真正的健康必须体魄健全，身心健康才是真正的健康。现代生活节奏快、压力大，很多社会因素、情绪因素等容易诱发躯体功能紊乱或器质性损害，导致出现生理功能的异常。同时，生理功能的异常反过来也会影响和阻碍心理功能。所以一些患者总把自己当成病人，从思想上加重了自己的病情，给治疗带来了更大的难度。因此，练习站桩首先要调整心理，静心凝思，排除外界干扰，把自己从原有疾病中解放出来，从收心求静入手，通过不断的练习，补偏救弊，则可逆转机体阴阳气血之偏，达到滋养精气、固本强身、祛除疾病的目的。好多患者在老师的讲解和辅导下逐步提高了认识，把站桩和改善情志有机地结合起来，形成了一种良好的生活习惯，既调整心理和情绪，又充实了生活，所以能收到良好的效果。

17. 初学站桩如何放松精神

答：我们所说的放松，首先是精神上的放松，然后才是肢体上的放松。只有精神上放松了，肢体才能放松。学习站桩时就要先在自己的心里盖个自休室，逐步排除心理紧张，安神定意，境由心造。

18. 各处站桩时身体发热是怎么回事

答：站桩时身体大小关节都是曲蓄的，为了维持身体的平衡，各处肌肉就会节律性地收缩，促进了血液循环，加强了新陈代谢，所以身体就会慢慢发热了。

19. 站桩为什么要两肘撑开如抱球

答：两肘外撑带动胸腔打开，使胸腔内空间增大，从而使大量的氧进入胸腔，滋润五脏六腑，促进了气血的循环。

20. 初学站桩为什么要上虚下实

答：现代交通迅速发展替代了人类的很多步行活动，生活和工作中，头脑的思考和手的应用相对比较多，身体下肢相对应用得比较少，所以导致了现代人头脑发达，手指灵活，而下肢却越来越退化，形成了上阳下阴的普遍现象。所以站桩时要求重心下降，气息不能上浮，要上虚下实，从下往上训练。

21. 怎样掌握站桩的运动量

答：站桩的运动量要根据每个个体的体质情况确定。对于初学者来讲，要求从刚开始的几分钟到30分钟以上。运动量的大小和姿势的高低、意念的真实有关，这些要在学习的过程当中逐步认识。运动量过小，达不到锻炼的目的；运动量过大会产生过度疲劳。我们要掌握适当的运动量，由浅入深，循序渐进，逐步加大站桩的运动量。

22. 为什么站桩时膝关节会疼、肩膀会疼

答：站桩有一个基本的间架要求。只有在间架正确的情况下，站桩才有意义。对于初学者来说，从来没有进行过这样的间架运动，需要一个适应的过程。在这个过程中，几乎每个人都会出现身体某些部位的不适，比如膝关节疼、肩膀酸或者以前的旧伤发作等。这个过程我们称之为“找疼”的过程。而从中医的角度上来说，这些疼痛也是因为身体局部气血不通造成的，而站桩的目的就是为了气血更加通畅，所以，这些疼痛只是暂时的，过一段时间，当身体气血完全通畅了，疼痛也就自然消失了。

23. 为什么站桩时身体会发抖

答：有一部分人在站桩初期，身体会出现不自主颤抖的情况。这是因为平时运动量太少和身体不协调造成的。出现这样的情况，不要慌张，需要静下心来，通过正确的意念让身体定下来。只要反复训练，长期坚持，体能会得到加强，身体也会更加协调，这时颤抖便会自然消失。

24. 为什么站桩会脚麻或手麻

答：少部分学员在站桩时出现脚麻、手麻的情况，出现这种

情况主要是因为自身的气血不通甚至堵塞造成的。这不是坏的现象，因为您的身体正在利用站桩打通身体稍节（手、脚离心脏最远）的气血，一旦这一关克服了，您的身体将大有改善。

25. 为什么站桩会很快出汗

答：这个问题可能是平时不怎么出汗的人提出来的。不出汗的体质，不能说不好，但是适当的出汗是必要的，因为出汗是身体重要的排毒途径之一。站桩对身体整体的改善，开始于气血通畅。即使平时不出汗的学员，站桩也能很快出汗，这是个非常舒服的现象，冒一身汗，回家冲个澡，一身疲劳立刻就消失了。睡眠会更好，精力也会更加充沛。

26. 为什么站桩时出汗多

答：不管平时出汗多少，站桩的时候，很多人在某一个阶段，身体会大量出汗，可谓“汗如雨下”。有些人会担心，出汗太多对身体不好，因中医说“汗为心之液”。关于出汗，站桩是主动出汗，对身体是没有副作用的。坚持站桩，时间长了，身体会自动调节出汗量。如果您正处于大量出汗的阶段，要学会坦然面对，比如您第二天身体并无不适，那么不用刻意回避出汗，照常站下去即可。如果您站桩过后或者第二天出现身体疲软，有点影响生活和工作的话，那么就是您的运动量太大了，需要调整。减轻意念，减少运动量，这样可以减少出汗，但不要中断站桩。

27. 为什么站桩有气感上身

答：有些学员可能以前接触过气功的书籍或者练过气功，所以站桩一段时间后，便会有“气感上身”的感觉。我们教的站桩是不讲气功的，站得好了，什么都有，不需要气感，并且我们认为站桩的练习不应该加入气功，站桩是在“抽象中求具体”，大道至简，最简单的是最好的。跟随我们的理论学习，您会同意我们的说法。面对气感的出现，请放松心情，不要有妄想，继续训练。另外，如果您的气感是因为气息上浮造成的，那么可能是您的桩站错了。出现这种情况，要立即回到最基本的训练当中，逐步排除错误的意念和错误的动作，避免出现气息上浮的现象。

28. 为什么站桩有胸闷的感觉

答：站桩讲究上虚下实，如果站桩变成了上实下虚，那么就有可能出现胸闷或者胃堵等现象。这时，要注意调整重心分布和利用正确的意念进行诱导，将重心调整为上四下六的分布状态，胸闷和胃堵的情况就会自然改善。

29. 为什么站桩会打哈欠、吐痰、放屁

答：在初学站桩时，很多学员打哈欠不止，或者不停吐痰，甚至有一些难以启齿的现象，比如放屁、腹鸣、不停上厕所等。这些都是正常现象，出现这种现象，说明站桩已经促进新陈代谢，过一段时间，就会逐渐消失。

30. 为什么站桩时间长了，感觉自己力气很大

答：站桩培养的浑元力是养生和技击都需要的。站桩一段时间后，身体逐渐成为一个整体，上下通了，力量整了，在没有任何力量训练的情况下，身体力量会有所增大，这是中国传统功夫独一无二的训练方式。事实上，感觉力气很大是因为您的力气真的增大了。全身肌肉群的力量和协调性得到了加强。

31. 为什么站桩一段时间后，腿上明显有劲了

答：站桩一定是从腿上开始训练的，并遵循“上虚下实”的原则。再加上现代人下肢运动过少，腿上的肌肉尤其需要加强训练。我们的站桩教学伴随辅助功法，目的都是先强化腿部训练，逐渐往上练习。所以腿部明显有劲是非常合理的。腿部有劲也是养生最需要的，人老腿先老，所以加强双腿的力量训练是保证生活质量的先决条件。

32. 为什么站桩可以缓解痔疮带来的疼痛

答：痔疮主要是久坐导致的局部气血堵塞。对此，西医只能依靠手术，但术后会伴随很大的副作用，而且还不能彻底根治。站桩主要以“肌肉若一”为训练基石，要求臀部肌肉在意念的引导下进行转换，从而促进全身的气血运转，长期坚持使得肛门的肌肉群得以合理锻炼，从而改善病痛的程度，慢慢达到缓解的目的。一般快者1个月，慢者3个月就能见效。

33. 为什么站桩治疗失眠见效很快

答：失眠主要是神经衰弱造成的，是个世界性难题。失眠的时间越长，就越顽固，越难治愈，甚至很可能伴随患者一生。但站桩却对失眠有辅助治疗的“神效”。已经有无数失眠者因为站桩而治愈了失眠的症状。失眠的人，通俗来说，就是大脑在需要休息的时候，不会放松，所以睡不着。如果进行专一的松紧转换训练，进而使神经可以进行自由的松紧转换，久而久之，大脑就会放松，从而在需要睡眠的时候很快能进入状态。站桩对于失眠的改善源于刻苦地训练，而“三天打鱼两天晒网”的站桩是达不到效果的。

34. 为什么站桩初期很容易入睡，过一段时间又会失眠

答：调整生理规律不是一件容易的事情。站桩养生虽然能够祛病强身，但需要长期坚持，没有毅力是不可能达到自己预期目的的。病灶的反应，可能是快速的，但也会反复。失眠的人，通过站桩好转一段时间后又再次失眠是正常的现象，是身体免疫系统的二次改善和调整，如果此时放弃，那就功亏一篑了。如果加强训练，把这一关也克服了，那么睡眠质量将会有质的改善，这才是患者应该追求的。类似的痔疮也有可能复发，不过继续坚持站桩一段时间后便会有改善，不要有太大的压力，以重新来过的心态面对即可。

35. 初期站桩一次要多长时间最佳

答：按我们的站桩方法训练，初期一次20分钟很容易做到，2~3周，大部分人可以达到40分钟，一个月后，大部分可以达到60分钟。我们认为站桩需要在一个小时左右最佳。具体也应该根据自己的身体条件调整。

36. 坚持站桩多长时间，身体会得到明显的改善

答：其实从第一天学习开始，站桩的养生性就开始体现，只是未必明显。不要以为学会站桩后身体才开始受益。就在一边学习中，身体便不知不觉得到了改善。所以，学习站桩的过程非常重要，正如“走着过去，取得真经”，不功利地追求站桩的结果，才是最好的学习态度，才能获得最好的养生效果。

37. 站桩能矫正驼背吗

答：站桩的间架可以矫正驼背，加上我们站的是“活桩”，所以更容易矫正驼背。

38. 站桩能辅助治疗颈椎病、腰椎间盘突出吗

答：如同站桩可以矫正驼背一样，站桩对不正常的身体构造（先天的或者后天的）有一定的矫正、改善作用。困扰很多现代人，尤其是白领阶层的颈椎病和腰椎间盘突出，西医矫正往往需

要手术，其副作用和未来存在的隐患较大。站桩矫正此类病，虽然缓慢，但是无任何副作用，能够自然恢复，只要持续站桩，定能取得良好的效果。

39. 站桩对辅助治疗糖尿病、高血压有效果吗

答：站桩对所有慢性病都有一定的辅助治疗效果，这是学员们身体力行所证明过的。不过，稳定血压和血糖，是一个长期的过程，没有耐心和毅力，是不可能达到的。只要坚持下去，一定会有效果。

40. 什么人不能站桩

答：能够站立就具备了站桩的条件，如果不能站立和行走依然可以“站桩”，本书介绍了坐式桩和卧式桩，可见人人皆可站桩。对于70岁以上的老年人，慢慢加量即可，持续训练一段时间以后，依然可以站一个小时以上。如果身体条件实在不允许，那么单次不要站得过长，增加次数即可。

41. 站桩有危险吗

答：站桩是没有任何危险的。

42. 如何正确对待站桩初始阶段的病灶反应

答：由于人的体质和年龄不同，身体状况也不尽相同，所以

站桩的病灶反应也会因人而异。在站桩的初始阶段，有可能出现病情加重，甚至出现从来没有发生过的疾病，这都是正常现象。出现上述这些情况时，不要惊慌，要合理对待。

43. 渡过病灶反应，身体就康复了吗

答：病灶反应这一关渡过了，对站桩者的信心是一个极大的提升。但是离身体完全康复还远，无病不等于身体机能的完全复原。实际上，站桩一旦开始，就不能停下来，要坚持站下去。

44. 站桩会出现幻觉吗

答：我们教的站桩不会出现幻觉。如果您还没有学过，按照我们的书本自学是不会出现幻觉的。如果您以前学过站桩，出现过幻觉，那么请放弃以前的练法，以我们的为准，先尝试一段时间。只要意念正确，是不会出现幻觉的。

45. 站桩是否对膝关节有损伤

答：正确的站桩对膝关节是没有损伤的，反而是有益的。即使站桩前膝关节受过伤，通过站桩也能修复膝关节的损伤。

46. 边看电视边站桩可以吗

答：站桩初期，为了能够站得久些，不少人喜欢边听音乐边站桩，或者边看电视边站桩，我们认为这些都是可以的，前辈说

这是“怡情”。过一段时间，当你练进去以后，还是希望你自愿关掉音乐或者电视，专心站桩。

47. 经常站桩，突然有一天不站，身体就会不舒服，这是怎么回事

答：站桩时，气血循环加快，身体发热出汗。一旦不站，气血运动比之前变慢，可能会产生不舒服、不痛快的感觉。从生理学讲，站桩时，脑下垂体会分泌一种内啡肽的东西，内啡肽是一种兴奋剂，能使人心情愉悦，神清气爽，心旷神怡，并且能唤起副交感神经，调节气血。站桩不能停，站桩“有瘾”，就是这个原因。

48. 站桩感到枯燥怎么办

答：首先站桩并不是站在那里一动不动，而是在相对静止的状态下，以意念支配身体内在的运动。以一念代万念，“有事可干”，精力集中，就不会感到枯燥了。

49. 站桩会不会让手臂、腿变粗

答：不会。站桩不像器械训练，给肌肉骨骼造成很大的压力。肌肉里的纤维组织不会变粗，所以站桩不会使手臂和腿变粗。相反，站桩是一项合理的运动方式，能使身体变得协调统一，使身材更加完美。

50. 站桩与跑步锻炼相比较有什么优势

答：站桩不会给心脏造成负担，各个关节不磨损，能使人心平气和、神明体健，也不需要多大的场地，随时随地可站。

51. 站桩在地点和时间上有要求吗

答：站桩的地方原则上没有要求，室内室外皆可。但如果有条件的话，可以选择一个环境优美且安静的地方进行练习。饭后30分钟内不要站，以免影响消化；神经兴奋型的人睡觉前不要站，以免影响休息；其他时间均可。

52. 站桩能不能自学，有没有偏差

答：不管学什么东西，如果能够找到一位合适的老师，那是最好的。如果条件不允许可以找一本合适的书先自学站桩，积累一段时间，再寻机遇，带着自学心得和出现的问题去请教老师，也是个不错的选择。站桩只要间架正确，意念合适，就不会出现偏差。所以，我们鼓励读者根据本书自行学习。

53. 怎样才能练好站桩

答：站桩可说是大道至简，练好站桩并非难事，把站桩融入生活中去，用平常心站即可。我们常说，有了健康的身体才有伟大的事业，没有健康一切都为零。从学术的角度来讲，健康的保

证不是一朝一夕的事情，站桩是需要身体力行的，是一个体认的过程。最好有一个能够为你指点迷津的老师，踏实学习永远是进阶与成功的不二法门。

54. 为什么说站桩只要过程不求结果

答：站桩只要训练过程做好了，身体力行了，就必有好的结果。训练过程是至关重要的，不要只求结果。站桩也可以说是一种消长，也就是不看自己的长处，而要在训练中不断地发现自己的短处，并加以克服，这样就能自动加强了长处，好的结果就会自然而然到来。好多站桩练习者不注重训练过程，急于求成，最后只能是本末倒置、事与愿违。

55. 站桩就不用看医生了吗

答：我们不会神化站桩，也不支持任何夸大站桩作用的行为。如果有疾病，请及时就医，莫要耽误了治疗时机。

第五章

学员站桩实录

（一）

王女士，1983出生，2015年开始站桩。

我是一名高中教师，天性淡泊，很少为了什么事情较劲。但在2011年，我的身体却出现了各种状况，最严重的是失眠，曾经有一个月一眼未合。白天正常上班、生活，晚上睁着眼到天亮。人虽然已经疲劳到了极点，但管理睡眠的那根神经就是不能耷拉下来。伴随着的是头痛欲裂，记忆力衰退，咽喉肿痛，耳鸣，关节痛，肠胃功能紊乱，情绪不稳定，时而暴躁如雷，时而抑郁沮丧，当时觉得身体的所有系统都即将崩溃。

在那两三个月里，我吃不下饭，却胖了十几斤。我堂妹来看我，脱口而出："姐，你咋一下子就老了。"在一个人受尽煎熬的黑夜里，我一遍一遍地问自己："我为什么还要活着？"于是我开始拯救自己。我每天跑步、打球、跳绳，早睡早起，饮食清淡、均衡，泡脚、按摩，中药调节，过着60多岁老太太的生活。我活得很累，可身体的改善还是不大。

2015年6月，无意间在网上看到西安意拳馆和张老师，看到站桩可恢复人体机能。于是，我报名参加了学习。目标明确，就是学个养生桩，站桩以外的其他体系我一概不学。就这样，我学了十几天就走了。

因为连肩背疼痛关都没有过，我在家里很难坚持，勉强站了几天后，家里人告诉我，说我的身体都是歪的，左右严重不平衡。我自己进行调节，可怎么都调整不好。至此，这件事我就放下了。

2016年春天，借着在西安办事，我又来拳馆了。这一次一学就是4个多月。我的运动能力很差，对拳学原理理解得也不够透彻，但是我的收获仍然很大。

（1）甲减（甲状腺功能衰退）好了。1月份做体检的时候查出甲减症状，医生建议要吃优甲乐（治甲减的药）。一病友悄悄对我说："别吃，吃了甲减很容易变甲亢，你又得吃治甲亢的药。以后，你就要不停地做检查，不停地变换着吃药了。"于是我没吃药，而是坚持站桩练拳。到了6月底，再做检查，大喜，我的甲状腺功能居然恢复正常了。

（2）睡眠质量神奇变好。通过几个月站桩，我的睡眠不知不觉地变好了，容易入睡，经常一觉睡到天亮，醒来后感觉睡得很饱，整个人神清气爽，充满活力。

（3）精力充沛。一开始，我站桩20分钟就累得喘气。渐渐的，我可以跟着大家坚持站满一小时，再后来，站完一小时还觉得精气神很足。练到第4个月时，已经能体会到越站越松，舒适得力的感觉了。站完桩后，继续跟随老师学习试力、发力，后来居然和别的学员练推手甚至散手也不觉得累了。

（4）情绪良好。今年一直感觉心情很好，主要是因为：第一，站桩和练拳会让大脑分泌一种叫内啡肽的物质，这种物质能使人产生愉悦感；第二，练习站桩让人豁达，拳馆的氛围很好，老师和所有学员都很友善，大家就像兄弟姐妹一样互帮互助，从练拳到生活；第三，心理调节，我每晚睡前都看会儿书，文学世界可以让人超越自我。当然，看书不能勉强，《圣经》《佛经》更好，《读者》《意林》也行，重点是要心生欢喜，内心得到真正的平静。只有身心俱修，健康才能真正恢复。

（5）体重恢复到了正常范围，肠胃功能也恢复了正常，头不再痛了，耳鸣消失了，咽炎也减轻了……

感谢天赐的缘分，让我遇到了站桩、遇到了张老师及拳馆所有我的兄弟姐妹们。

（二）

刘女士，1966年生，自由职业者，2016年开始站桩。

2015年夏，我在健身训练中扭伤了腰，疼痛难忍，于是辗转于各大医院，成了医院和康复中心的常客。我从没想过锻炼也能使人受伤，我一直认为只要坚持锻炼，身体就会健康，可是我万万没想到选择的项目不适合也容易出现损伤。在康复治疗的过程中，我遇到了很多和我一样在健身时受伤的人，这些人大多都是选择的项目不适合和锻炼方法不正确而导致的受伤。于是我在想，能否有一种新的锻炼方式，既能锻炼身体、预防疾病，又不会对身体造成损伤的运动项目呢？

2016年夏天，我在网上看到了站桩。这是一种能够辅助治疗颈椎病、腰椎病、高血压失眠等慢性病而且没有任何损伤的运动，这不正是我想要的吗？可是站桩真有那么好吗？我半信半疑地来到了张老师的武馆。在了解了我的情况后，老师给我制订了一套有利于我康复的训练计划。开始训练的第一天，我就学到了很多知识，站桩是一种定位运动，一种能够让精神和肢体同时得到锻炼的有氧运动。通过站桩可以增强体质，提高自身免疫力，逐渐恢复身体本能活力。经过一段时间的锻炼，我逐步适应了这种运动并从此迷恋上了站桩，只要武馆有课，我每课必到。

经过半年的坚持锻炼，我的腰伤已基本痊愈，我又恢复久违的活力，感谢站桩，感谢张老师。

（三）

张先生，1980年生，2018年开始站桩。

我是一名国企员工，主要从事文案工作。由于长时间伏案，导致第4、5节颈椎骨质增生。以前症状不太明显，自己也没有在意。2017年，颈椎病加重了，伏案工作不到40分钟就感觉颈椎发酸、胀痛，颈椎附近的肌肉也疼痛难忍，且精力也远不如从前了。

这时，我才意识到自己需要加强锻炼了。机缘巧合，一次在网上看到了西安意拳道武馆的信息，第二天我就去了武馆，在张勇谋师傅的讲解下，我不仅了解到练习站桩可以缓解多种慢性病，而且感觉到张师傅是一个武德高尚、说话随和、平易近人的人，于是我当即办理了报名手续。

刚开始练习站桩时，师傅耐心地给我介绍了站桩的基本姿势及注意事项。让我没想到的是，第一次站桩10分钟左右我就大汗淋漓，师傅说出汗说明身体的新陈代谢快了，只要坚持下去，一定能有所收获。期间，有一次膝关节有点疼痛，我担心是站桩引起的，后来在师傅的指导下，我调整了站桩姿势，接着坚持站桩2天后，膝关节居然不疼了，而且还感觉腿更有力量了。

在师傅的耐心指导下，我的颈椎病已基本康复，精力也比以前好了很多。以前自己慢跑、游泳的锻炼方式对颈椎病基本没有多少改善，但通过站桩很快就得到了康复，这完全超出自己的想象，在这里要非常感谢张勇谋老师。

（四）

李先生，1982年生，室内设计师，2018年开始站桩。

我是湖北恩施土家族自治州人，现居西安。由于工作的原因，经常加班，不能按时吃饭、睡觉，导致我的身体处于亚健康状态，如浅表性胃炎、腰痛、颈椎痛等。

通过朋友的推荐，知道站桩对身体有好处，并且也自学了一段时间站桩，不过不但没有效果，反而使病情加重了。偶然的机会，我在网上了解到了西安意拳馆张勇谋老师，便到张老师那里学习站桩。

站桩初期我手脚冰凉，经常打哈欠。站桩两三周后，这种症状基本得到改善，而且每次站桩10分钟左右手脚就会发热，非常舒服。以前，我的腰一直难受，寻求过多种治疗的方法，效果都不理想，但是，仅仅跟张老师练了四个月的站桩，我的腰就一点也不痛了。以前经常感冒，医生还建议我打增强免疫力的针，但是站桩以后，还没有感冒过一次。我感觉自己的身体得到了全面的提高。站桩的训练就像往存钱罐里存钱，每天你加一块硬币，一年后就会积攒很多。

希望更多的人了解站桩并参与到这项运动中来。

（五）

崔先生，1964年生，体育老师，2015年开始站桩。

我因长期剧烈运动导致腰椎间盘突出，多方求医问药无果，而医生的建议是立即做手术，但我觉得一旦做手术，如果出现问题，那么后半辈子真的只能在床上躺着了。所以，我强忍疼痛，26天彻夜未眠，身心到了崩溃的边缘。我忧郁过，彷徨过，最后决定尝试站桩。由只能蹲着走、瘸着走到站桩半年时间基本能步行走路，从此跟站桩结下不解之缘。

在张老师耐心细致地指导下，现在我的腰部恢复的跟年轻时差不多了，爬山、下山等活动，完全自由行了。通过学习桩功，我逐渐认识到站桩之所以能缓解疾病，是因为它能通经络、补气血，能开启人体的自我修复功能，真是大道至简，看似简单，实则效应深不可测。

真正把桩站好，要尊重自然，顺应自然，做到人与自然的融合。站桩的普及，需要我们每个学员用实际行动去感染周围的人，因为形式简单，大家看不懂、不认可也属正常。愿我们每位与站桩有缘的学员身体力行，用自己的真知灼见感染周围人，逐步发扬光大，造福人类。

感谢张老师严谨的治学态度和对站桩教学的孜孜追求。

（六）

曲先生，1970年生，基层医生，2017年开始站桩。

我是甘肃漳县人，从小体弱多病，加上多年的辛劳工作，两年前身体健康状况明显不如之前。先是痛风、高尿酸血症，而后是不明原因地浑身游走性痛、神经性耳鸣、腰椎间盘突出、慢性前列腺炎、时而痛时而不痛的慢性萎缩性胃炎、张口弹响且疼痛的颞颌关节炎。

在走投无路之际，我看到网上有人说用站浑元桩能够辅助治疗耳痛耳鸣、前列腺炎等，于是我搜索到了离我最近的站桩老师——张勇谋师傅。去年6月，我参加了张老师的养生班培训。初见张师，觉得他平易近人，而且讲授的站桩课程也通俗易懂，可操作性强，要领容易掌握。经过短短两天的指导，我基本掌握了平步撑抱桩的要领。回家后因为工作忙，每天只能抽出一个小时锻炼。经过半年多的站桩，疼了多年的腰不痛了，前列腺也再没有疼过，排尿也有力了，浑身疼的毛病不知道什么时候也好了，高尿酸没吃药也降下来了，萎缩性胃炎也基本好了，多年的血小板减少也好了，以前感冒要一两个月才能好，现在一两天就好了，精神状态也有很大的改变。

愿养生站桩能造福更多的人。

（七）

余女士，1951年生，退休教师，2016年开始站桩。

我四十多岁就得了失眠症。从县医院到省医院，从西医到中医，从正规用药到广告用药，我都试遍了，不但没有好转，反而越来越严重。我痛苦不堪，曾有过轻生的念头。为了不使自己的身心彻底垮掉，从2012年起，我每晚睡前必须吃两种西药（各一粒），才能睡两三个小时。

2016年11月21日，我报名练站桩。在张老师的悉心指导下，我每天站桩两个小时，就这样，我的身体悄悄发生了变化，尤其是睡眠得到了改善。一是用药，将其中一粒减为半粒；二是睡眠时间，每晚可以睡5～7个小时。

我很幸运结识了任劳任怨、孜孜不倦、待人宽厚的张勇谋老师；我找到了不用吃药、不用打针却能提高身体免疫力的站桩。

现在，尽管我还没有完全停药，但我有决心通过站桩达到完全停药。

（八）

钟女士，1975年生，公司职员，2017年开始站桩。

我在童年时有个梦想，希望能像电视武侠片里的武术高人一样，拥有一身武艺，防身制暴。机缘巧合，偶然在微信朋友圈里看到了有关站桩的介绍，觉得练习站桩能圆我的武术梦。经过一番实地了解后，我毅然报名参加了站桩的学习。

在西安站桩武馆强大正能量磁场的吸引下，我按照馆里的课程表，在张老师的悉心指导下，每天坚持练习桩功。刚开始练习的几天里，全身酸痛，特别是左臂膀，更是无力抬起，咽喉处感觉有异物，恶心欲吐，各种反复酸痛和难受感在身上持续了十几天，紧接着是在站桩的过程中双手掌和双脚掌冒冷汗，每次站完桩后，袜子都会被汗浸湿。

刚开始站桩十几分钟就要休息，现在一个多小时都感觉不到累，而且还觉得全身舒适，奇妙无穷。更让我惊喜的是：烦人的失眠，悄悄地走了，现在躺下就能睡着；过去久坐后经常出现的左肩膀僵硬痛，现在不露面了；持续近两年月经期不正常，经过两个月的站桩后，竟奇迹般地恢复了正常，感觉回到了年轻的时候。小肚子凉、腰酸背痛的感觉也逐渐消失了。

在追寻武术梦的同时，让我意外地收获了身体的健康，真的是非常庆幸。

（九）

李女士，1984年生，2017年开始站桩。

2015年，我老公有幸结识了张勇谋老师，并拜在张老师门下学习站桩。起初，我不了解站桩，对老公学习站桩很不理解。我觉得武术应该从小学起，没有功夫底子学不了，而且他年龄已经32了，还适合学武？虽然我不太支持，但老公却一直坚持，态度坚决。我想那就让他试试。让我没想到的是，一个月过去了，半年过去了，一年过去了，老公仍然坚持每天站桩，无论多忙，下班回家多么晚都会坚持。

2016年，我因身体不适去看中医，调理的中药吃了两个多月，滋补性的药也吃了不少，还是头晕、手脚麻木，感到疲乏，见风很容易感冒。我平时在家既要照顾孩子，又要料理家务，几乎没时间锻炼，身体虚弱，吃药又见效甚微，身体状况每况愈下，心情也变得很烦躁。而老公在武馆坚持站桩快两年了，身体状况一直很好，从开始学习站桩起几乎没吃过药。

2017年3月，我抱着试一下的心态第一次进入武馆体验站桩。武馆氛围非常好，大家在一起有说有笑，站桩有什么问题师父及时纠正，针对每个学员的情况采用不同的教学方法，第一节课我就被吸引住了，从此开始认真学习。刚开始站桩浑身都累，胳膊酸痛，腰几乎直不起来。慢慢坚持了一段时间后，身体症状减少了，头晕、手脚麻木有所好转，睡眠质量提高了，感冒少了，体型也有了较大的改变，肚子小了好多。

真没想到，站桩竟这么神奇。现在我开始主动和老公交流站桩，每当我给他说起我的身体变化，或问他该怎么练好站桩时，他都会说四个字——贵在坚持。

（十）

任先生，1970年生，公司经理，2017年开始站桩。

我从小在农村长大，体质较好，年轻时很少打针吃药，没想到43岁后，身体出现大滑坡，这几年，更是常出现浑身乏力、腰膝酸软等一系列亚健康状况，并且开始严重失眠。看了中医，也到三级甲等医院看过失眠，后又进行2个月的晨跑，但效果不佳，后期还出现只能依靠安眠药才能入睡的情况。在一次夜里失眠后，我在网上寻找治疗的各种办法。看到站桩后，觉得比较适合我，就抱着试试看的态度来到意拳道武馆。

通过近2个月的站桩练习，我觉得现在自己浑身充满活力，心情也变得愉悦起来，以前的亚健康状况有了很大的改善，主要是已连续两周每天能睡7小时左右。我又拿起心爱的吉他，在自己小院里唱起了歌，我知道，这只是初见成效，还有可能出现反复，自己一定要坚持练习，才能让身体恢复到更好的状态。在这里特别感谢站桩、感谢张老师！

（十一）

吴先生，1980年生，建筑设计师，2017年开始站桩。

通过站桩锻炼身体其实是一种给自己做投资、增加和延长工作时间的聪明方法。在练习站桩以后我极少感冒，而且感冒后只需适当休息便可恢复健康，无形中工作时间变长和工作状态变好。站桩对时间、场地、年龄、性别均没有要求，在锻炼成本上比跑步更少，而且健身效果显著。我在进行站桩锻炼后，失眠的情况逐渐改善，胃口变得越来越好，脾气也慢慢变得温和豁达，人际关系变得更好，这些都是让自己以低成本“升值”的好方法。

现在的生活节奏越来越快。工作压力大、欲望过多使我们越来越感到身心疲惫。很多人都问过自己“怎样才能改变我的生活状态”，但多数是不知道怎样去做和没有勇气去做。在压力的作用下，很多人用这样或那样不健康的方式去排解，轻则抽烟、喝酒；重则沉迷于网络等虚拟世界寻求安慰，乃至于产生各种心理和精神疾病。在面对生活压力时，我认为最有效的缓解方式就是站桩，因为在站桩的锻炼过程中，由于身体处在安静的状态下，大脑神经会慢慢处于抑制状态，加上站桩对注意力的要求，思维活动自然减少。久而久之，自然感到身心愉悦，妙不可言。

最后我要说的是，我们把大量的时间用来“忙”刷微信、微博，或者热衷于吃喝玩乐，在我们的眼中这些事情都比我们的“健康”更重要；我们往往愿意为豪车而一掷千金，却对自己的健康在时间投入上极其吝啬。很难想象，一个对自己不负责的人，怎么会对家庭和社会产生责任感。

我在武馆学习的时间尚短，目前也谈不上有多深的体悟。对于练习站桩的好处还在进一步验证中，这里就不一一赘述了。

（十二）

王先生，1982年生，2017年开始站桩。

我老家在中国的“腰鼓之乡”延安市安塞县。一个多月前来到西安，在意拳道武馆张勇谋老师的指导下学习站桩，虽然时间很短，但在张老师的谆谆教导和启发下，有些许感受，分享如下。

在家乡时，每日奔波于生计，生活压力大，在无法顾及身体的情况下，健康出现了很多问题，落下了拉肚子、腹胀等肠胃虚弱的毛病，而后去延安大学附属医院做了胃镜，确诊为慢性胃炎。既然有病，那就得吃药，一吃便是五六个疗程，病情稍有好转，可胃炎是慢性病，稍微保养不得当就会重犯，我一时感到迷茫。

有了困难就得解决。在一个朋友的推荐下，我来到西安并认识了张勇谋老师，在老师的指导下学习站桩、试力、发拳等方法，身心在很多方面竟得到了改善和恢复。在一个多月的练习中，免疫力提高了很多，往常天冷就感冒的问题逐渐消失了，食欲也增加了，肠胃功能得到极大改善，比从前皮实多了。另外，心理状态也改善很多，精神状态也有很大的改观。

在练习当中，我深深地感到站桩的博大精深，并非轻易就能入其门径的，但品尝一滴海水可以知道大海的味道，我将以此开端为契机，踏实精进，继续虚心向张勇谋老师学习和钻研站桩，以便让站桩更好地造福自己和周围的人。

（十三）

王女士，1976年生，警察，2015年开始站桩。

2014年前，我的生活不能说是风平浪静，但也没有什么大风大浪，我想我的一辈子可能就会这样安然度过。然而2014年我的健康却出了问题。于是我有病乱投医，身不由己地变成了一个名副其实的“药罐子”，那段时间西药、中药、针灸、按摩等治疗方法均试过，每天吃五六种药，时间长达1年半左右，能在中医类书籍中找到的方法也都试过了，均效果不佳，于是我变得心灰意冷，心情差到了极点。

2015年，我看到有关站桩的书籍，书中说到站桩对身体的好处很多。后来在网上发现西安竟然有一间武馆——西安意拳道武馆教授站桩。于是我抱着试一试的心态来到了武馆，见到张勇谋老师，经过老师的详细介绍后，了解到学习站桩对身体的多种益处。当时由于每周最多去武馆两次，开始站桩时感觉很枯燥，每次在家练习最多15分钟就结束了，而且课后不是上班就是匆匆忙忙去看中医大夫，根本没有时间去多想多练，时间就这样过了几个月，加上又频频到外地出差，于是中断了大半年之久，2016年5月初，心里实在放不下对站桩的喜爱，再加上也有时间可以去专心练习站桩了，我又一次返回了武馆，向张老师再一次讨教学习站桩。重返课堂后我坚持每天练习至少1个小时，大约过了一个半月的时间，已经可以感觉到身体有了些许变化，比如说睡觉比之前好了一些，而且体重也有所减轻等，这些细微的变化更加坚定了我以后学站桩的信心，内心充满了希望与期待。

张老师平日里在教学中津津乐道：“欲知拳真髓，首由站桩起”“大动不如小动，小动不如不动，不动之动乃是生生不已之动”“无为而无不为”“独立守神，肌肉若一”，张老师讲课中不仅提到拳学拳理，而且融合了《老子》《庄子》《道德经》《黄帝内经》中的思想，使人受益匪浅，在锻炼身体的同时感受中国传统文化的博大精深，可谓是现代生活中的“性命双修”。

生活中不缺少幸福，只缺少发现幸福的眼睛。意识到健康的重要性，并找到一种方法去锻炼，才能掌控自己的命运。机不可失，时不再来，我很幸运遇到了站桩，遇到了张老师，使我掌握了一种好的锻炼方法，平日里只需按照张老师所教的方法、步骤去练刃，通过自己的努力掌握基本功，把身体调整到一个最佳状态，就可留住健康，留住生命中点点滴滴的幸福，提高生活质量。让我们大家携手共进，健康随行，时尚养生！

（十四）

李先生，1982年生，律师，2015年开始站桩。

2011年前后，一位资深律师给所里几位年轻律师讲解站桩方法，这位律师同时还略懂中医，他极力推崇站桩，认为站桩最起码可以增强体质、改变精神面貌，若能练出整劲，则“打人如挂画”，说得我跃跃欲试憧憬不已，于是乎，我开始了站桩之旅。

那些年我工作很辛苦，赚钱也不多。我刚开始在西安青龙寺城中村居住，夏天回家先站桩，往往是站得汗如雨下，状态也越来越好；后又在西安土门小树林家属院住，每天清晨去大庆路绿化带里站桩，在一群老年人中卓尔不群，甚至有时在站桩过程中还能入定。那几年体质明显增强，但由于缺乏系统学习，站的是死桩，没有其他功法训练，进步甚微。后来停止站桩又去跑步，还去健身房练过，总之锻炼时断时续，体重自然慢慢上升。

2017年11月中旬，我终于下定决心，进入站桩武馆正式学习，在张老师的言传身教中受益匪浅。到现在已经学习站桩六个多月了，虽然这六个月依旧琐事缠身，但没有停止站桩，同时得出一些心得体会供各位参考。

①站桩确实可以加速气血循环，若有感冒着凉等小病，我们只需摆好功架，10～30分钟凉气即可消失殆尽，我已尝试过两次，确实效果显著。

②站桩一小时以上，保持好桩架，真有臂膀如同绳索牵挂的悬空之感，轻松得力，非常舒服；有时甚至感觉身体周围空气如同深水托着身体，身体好像不倒翁慢慢晃悠，就是倒不了。

③我站桩后时常有打呵欠、流眼泪的情况，经过咨询中医，得知这是排出脏腑浊气的过程。我希望在以后的站桩过程中，能尽早调理好我的脾胃。

“万动不如一静，万练不如一站”。每当我站桩时便心生“头顶天，脚踩地”的豪迈之情，今后自己要做一个有文化的站桩人，更要做一个顶天立地的年轻人。

老师常说，人可以普通，但绝不能平庸！当你的本事和才华还撑不起你的野心时，就应静下心不断地学习，当你的能力还驾驭不了你的目标时，就应该收心历练。梦想，不是浮躁，而是沉淀和积累，只有拼出来的前程，没有等出来的辉煌，机会永远留给有准备的人。

（十五）

钱先生，1966年生，研究员，2018年7月开始站桩。

我是在网上偶然看到张勇谋老师和他的武馆。在去西安学习站桩之前，自己学习站桩差不多有二十多天了。但是站桩和游泳、跳舞等运动一样，光靠书本上的知识并不能直接变成身体记忆。我家的书架上就有《游泳入门与指导》，但我现在并不会游泳。

我这次开始学习站桩正好赶上夏天。那天我给张老师打电话联系学习的事情，他说，现在正是练习站桩的最好时候，俗话说，夏练三伏。夏天是人体气血运行最活跃的时候，这时候进行锻炼效果最佳。

张老师说站桩是夏天避暑的最好方法。我开始不太明白，但经过两天的练习和体会我就彻底明白了。站桩的时候，只要按照要领和意念引导进行运动，练不了几分钟身体就会发热、出汗，十多分钟后就会大汗淋漓，前胸后背都是汗水。张老师说，这种出汗是主动出汗，和平时的被动出汗不同。主动出汗是身体排除热量和毒素的过程。出了很多汗但是不能马上吹电扇和洗澡，所以武馆里没有空调、电扇这些东西。通过站桩排除热量后，看起来大汗淋漓，但身体摸起来是凉凉的。我就这样站了几天，皮肤上原来总也出不完的粉刺红点就不翼而飞了。

从西安回到北京，我还是每天坚持站桩，每次坚持30分钟。过去，我下班后会在办公室站桩，但每次都会大量出汗，所以洗澡不太方便。而在家里站桩，换衣服和洗澡就方便得多。

虽然练习时间不长，但是身体状况恢复得非常好，腰酸背痛、颈椎、肩周炎都缓解了很多。张老师说，“夏练三伏”虽然重要，要真正学好站桩，就需要经历春夏秋冬四个季节，这四个季节都站过了，才能真正体会到站桩的各种奥妙。

（十六）

张先生，1976年生，2018年开始站桩。

我来自陕西商洛。这些年飘泊不定的打工生涯，让我时常感到身心疲惫，情绪低落。大概三年前，我从一些武学书籍中看到站桩可以修复五脏功能，同时有助于放松身心，于是我便开始自学站桩。虽说练得断断续续不得法，但也感觉到身体素质比以前强多了，且浮躁、焦虑的心情也得到了舒缓。尝到甜头的我越发喜欢上了站桩。

偶然在网上看到意拳道张勇谋老师在教授站桩，了解之后有种相见恨晚、如获至宝的感觉。在去武馆拜访了张老师，聆听他经典的拳学理念，近距离感受了他精湛的拳艺后，我立即决定报班跟老师学习。刚开始，老师讲解了一些站桩的基本要领，接下来便手把手帮我调整入门浑元撑抱桩，并亲自示范桩功中的松紧转换。武馆的氛围特别好，大家虽来自五湖四海，但亲如一家，锻炼之余大家互相交流，谈天说地，气氛特别轻松，很大程度缓解了站桩中的枯燥，身心也得到了极大的鼓舞。特别感谢同门师兄、师姐的帮扶和指导，感恩缘分让我在意拳道认识能量满满的同好。虽然不能常去武馆学习，但每次在锻炼中遇到不适或疑惑，我就会电话或微信向张老师请教。张老师每次都能耐心地给我答疑解惑，引导我去理解体认。学习站桩半年多，困扰我多年的痔疮再没有复发过，那种轻松舒服感，只有受过煎熬的人才能体会，真是无痔一身轻。最为值得高兴的是，药物医治两年基本无效的前列腺炎在做检查时，也恢复得特别好，经查证和咨询医生得知，人体有很强的自愈修复能力，站桩能疏通经络，改善提高身体的微循环系统，再加之药力助攻，可起到事半功倍的效果。老话讲:“耳听为虚，体认为真。”很荣幸走进意拳道，感恩张老师授艺解惑。我将坚定不移地追随张老师在站桩道路上探索、求知并完善自己！

后　记

《站桩入门与养生》的出版受到了社会各界人士的鼓励和支持，在此由衷地谢谢大家！本书不足之处恳请读者指正。

《站桩入门与养生》的主要用意是向更多的人介绍站桩养生的原理及其具体练习方法。我们是一家站桩文化传播机构，读者可以根据此书自学站桩，在学习中遇到难题欢迎联系我们，我们也欢迎大家随时来西安做客，这本书算是我们未来一切缘分的开端。

《站桩入门与养生》内容不多，然而桩功之精华尽在此书中。桩法纵有千般变化，最基本、最重要的桩只有一个——平步撑抱桩。学会了平步撑抱桩，懂得了各个平步桩之间的变换与联系，其他桩法一点即通，一通而百通，所以学站桩不在多而在精。如能掌握本书介绍的所有桩法，不仅能获得健康的身体，也为技击奠定了坚实的基础。未来我们将着重探讨站桩与技击之间的联系，那将会是另外一个话题，敬请期待。

在本书的创作和编辑过程中，得到了王宇、张进怀、麻延锐、林斌、牛世祖、赵云良、洪涛、聂登望、童文鼎、李玲、张丹丹、王智磊、陈胜、赵孔秀、张小娥、吴斌、张宏达、任聪茂、于静、钱振文、刘曼玲、李彦臻、张虎、曲志中、黄志强、陈康、杨向阳、朱传良、安宁、崔延安、魏明义、张锐、张立新、张雄光、于吉祥、王向明、朱梅芳、俞树、金加维、古金荣等人的支持和帮助，特此表示衷心的感谢！

作者联系方式

手机：15389366783

微信二维码